RAINER WÖRTMANN

GEWÜRZE

© 2020
Rainer Wörtmann
20144 Hamburg
rwoertmann@aol.com
Idee und Gestaltung:
Rainer Wörtmann
Cover Foto: Adobe
Stock_199158226
Illustrationen:
Künstlerische
Strichumsetzungen
der Bildvorlagen:
Rainer Wörtmann
Texte z.T.:
wikipedia.org/wiki
Schrift:
Adobe Caslon
Herstellung und
Verlag: BoD -
Books on Demand,
Norderstedt

ISBN 9 783753 407630

INHALT

ALLGEMEINES	5
ANIS	7
BASILIKUM	8
BEIFUSS	9
BOHNENKRAUT	10
CHILIS	11
CURRY-GEWÜRZ	12
DILL	13
ESTRAGON	14
FENCHEL	15
GRANATAPFEL	16
INGWER	17
KAPERN	18
KARDAMON	19
KERBEL	20
KNOBLAUCH	21
KORIANDER	22
KÜMMEL	23
LAUCH	24
LIEBSTÖCKEL	25
LORBEER	26
MAJORAN	27
MINZE	28
MUSKAT	29
OLIVEN	30
OREGANO	31
PAPRIKA	32
PETERSILIE	33
PFEFFER	34
PIMENT	35
ROSMARIN	36
SAFRAN	37
SALBEI	38
SCHNITTLAUCH	39
SELLERIE	40
SENFKÖRNER	41
STERNANIS	42
THYMIAN	43
VANILLE	44
WACHOLDER	45
ZIMT	46
ZITRONENGRAS	47
ZWIEBEL	48
GRUNDREGELN	49
WÜRZTABELLE	50
DER AUTOR	52

ALLGEMEINES

zu diesem Buch

Laut einer Begriffsbestimmung von 1964 sind Gewürze: „naturbelassene Teile (wie Wurzeln, Wurzelstöcke, Zwiebeln, Rinden, Blätter, ganzes Kraut, Blüten, Früchte, Samen oder Teile davon) einer Pflanzenart (frisch, getrocknet und / oder mechanisch bearbeitet), die wegen ihres aromatischen oder charakteristischen Geschmacks oder Geruchs als würzende oder geschmacksverbessernde Zutaten zur menschlichen Nahrung geeignet sind." Gewürze wurden früher nicht nur zum Würzen von Speisen verwendet, sondern auch als Konservierungsstoffe und Grundlage für Arzneien waren sie extrem wertvoll. Die Muskatnuss z. B. galt als ein bedeutendes Statussymbol. Insbesondere der Handel mit Gewürzen aus Asien war ein einträgliches Geschäft. Dies machte damals die arabischen Länder und italienische Stadtstaaten reich. Später profitierten die Kolonialmächte vom Handel mit Gewürzen und verteidigten ihre Monopole oft mit Waffengewalt. Zu den nach wie vor teuersten Gewürzen zählt Safran, gefolgt von Vanille und Kardamon. Die geschmacksverbessernde Wirkung der Gewürze beruht auf leichtflüchtigen Verbindungen, den ätherischen Ölen. Ein anderes Aroma kann man mit Gewürzen den Speisen geben, auch können sie den ureigenen Geschmack der Speisen hervorheben oder ergänzen. Um die aromatisierende Wirkung besser unter Kontrolle zu halten, kann man beim Dünsten oder Schmoren die Gewürze in eine Gewürzkugel oder ein Tee-Ei geben. So sind sie leicht entnehmbar und man muss sie am Schluss nicht umständlich abseihen.

Gewürze kommen zum größten Teil als getrocknete Ware in den Handel. Gemüsegewürze und Gewürzkräuter sind jedoch auch frisch zu bekommen.

Frische Kräuter kann man in ein feuchtes Tuch wickeln oder mit sauberem Wasser besprenkeln und in einer Plastikbox im Kühlschrank aufbewahren. Kräuterbunde lassen sich in einem Glas Wasser ein paar Tage frisch halten. Wer lange nach der Ernte den Geschmack frischer Kräuter genießen möchte, kann viele Kräuterarten einfrieren. Vor allem Küchenkräuter mit weichen Blättern und Trieben eignen sich für diese Methode.

Getrocknete Kräuter haben über dem Herd und im Kühlschrank nichts zu suchen, Hitze und Kochdunst schaden der Qualität. Im Kühlschrank verklumpen sie. Man sollte Gewürze immer verschlossen, trocken und kühl in dafür geeigneten Gläsern aufbewahren.

Es ist außerdem sinnvoll, die Gewürze von Zeit zu Zeit zu überprüfen. Riecht es nicht mehr aromatisch? Ist das Pulver verklebt? Spätestens dann sollte man für Ersatz sorgen.

ANIS

Ursprünglich im östlichen Mittelmeer beheimatet, wird Anis heute weltweit in Gebieten mit gemäßigtem Klima angebaut. Die bis zu 50 cm hohe Pflanze benötigt viel Sonne, um den typisch würzig-herben und süßlich-aromatischen Geschmack zu entwickeln. Anispflanzen zählen zu der Familie der Doldenblütler. Die Pflanze duftet süßlich. Sie hat petersilienähnliche Blätter, die Blütenstände mit lockeren Dolden haben. In den Blüten bilden sich die kleine Anissamen. Zur Reifezeit wird die Pflanze geschnitten und gedroschen. Die Samen gibt es ganz und gemahlen.

In der westlichen Küche wird Anis heute in Brot und Backwaren verwendet, hauptsächlich aber Spirituosen beigemischt, wie z.B. *Sambuca*, *Ouzo* oder *Pastis*. Daneben spielt Anis eine Rolle bei der Herstellung von Süßwaren (Anisbrötchen, Anisbonbons). Er passt aber auch zu Süßspeisen wie Pflaumenmus oder Obstsalate.

Tipp: Anis entwickelt sein Aroma am besten, wenn er frisch im Mörser zerstoßen wird, da er sehr würzig ist, eher sparsam verwenden.

BASILIKUM

Auch: Basilkraut, Hirnkraut oder Königskraut

Die Herkunft des Basilikums ist heute nicht mehr feststellbar. Als Herkunftsgebiet vermutet man Indien. Von dort kam es ins südliche Europa nach Griechenland und Italien, wo es heute häufig verwendet wird. Von Italien aus ließ es Karl der Große in den Klostergärten nördlich der Alpen anpflanzen. Das Basilikum wird im Freiland sowie auch im Gewächshaus angebaut. Angeboten wird es als Bund- oder Topf-Ware. Für Freiland-Ware ist die beste Zeit Ende Juni bis Anfang Oktober. Die frischen oder getrockneten Blätter werden als Küchengewürz verwendet. Beim Trocknen entsteht allerdings ein Verlust des süßlich-pfeffrigen Aromas und bekommt eher einen herben Geschmack.

Besonders würzig ist Basilikum, wenn es mit Wurzeln angeboten wird.
Basilikum passt besonders gut zu Salaten wie Tomatensalat, oder Gemüse wie Zucchini, Auberginen, Gurken und Pilzen. Im überall bekannten *Pesto* ist Basilikum unentbehrlich. Auch Lamm und Fisch kann man mit dem Kraut würzen. Das feine Aroma der Basilikumblätter passt ausgezeichnet zu Tomaten und ist ebenso unverzichtbar für die neapolitanischen Pizzas.
Tipp: Abgeschnittene Triebe ins Wasser gestellt bilden nach einigen Wochen neue Wurzeln aus. So kann auch in Privathaushalten Basilikum in einem Pflanzgefäß günstig vermehrt werden. Die Blätter lassen sich auch gut einfrieren oder einlegen in Essig oder Öl.

BEIFUSS

Die bis zu 2 m hohe, wie Unkraut wachsende Pflanze, stammte wahrscheinlich aus Asien.
Die genaue Herkunft des Beifußes ist nicht mehr zu bestimmen, da er von Menschen fast über alle nördlichen Gebiete der Erde verbreitet wurde. In den Allgäuer Alpen findet man ihn noch in einer Höhe von 1600 Metern. Er kann von Juli bis Oktober geerntet werden. Solange die Blütenkörbchen noch geschlossen sind, schneidet man die oberen Triebspitzen ab. Sobald diese sich öffnen, werden die Blätter bitter und eignen sich nicht als Gewürz.

Im 15. Jh. n. Chr. war Beifuß so beliebt wie heute bei uns die Petersilie.

Beifuß bekommt man selten frisch. In den Handel kommt er gemahlen oder gerebelt.

In der Küche verwendet man die Gewürzpflanze zu schweren, fetten Fleischgerichten, wie Gans, Ente oder Schwein. Zu kräftigen Eintöpfen und Kohlgerichten passt Beifuß auch sehr gut.

Tipp: Beifuß sollte immer mit garen, da er erst dann sein Aroma entwickelt.

BOHNENKRAUT

Auch: Wein-, Pfeffer- oder Aalkraut

Ursprünglich kommt die Verwandte des Oreganos und Thymians aus dem östlichen Mittelmeergebiet. Man kennt das Sommerbohnenkraut und das Winter- oder Bergbohnenkraut. Letzteres ist etwas herber im Geschmack. Die Pflanze kann bis zu 50 cm hoch werden.

Die schmalen, dunkelgrünen Blätter des Krautes sind sehr aromatisch. Sie schmecken scharf, pfefferartig brennend und riechen würzig.

Bohnenkraut gibt es getrocknet, gerebelt und gemahlen. Die frischen Blättchen gibt man zu den Gerichten oder streut sie zerhackt über die Speisen. Es passt sehr gut zu allen Bohnengerichten, Eintöpfen mit Hülsenfrüchten, Fleisch- und Kartoffelsalaten. Gerne nimmt man es auch zu Ragouts, Schwein, Kaninchen und Lamm, sowie Fisch und Aal. Man sollte es vorsichtig dosieren, da es erst beim Kochen seinen vollen Geschmack entwickelt.

Tipp: Bohnenkraut führt bei allen Speisen mit Hülsenfrüchten dazu, dass weniger Blähungen entstehen.

10

CHILIS

Sie stammen ursprünglich aus Mittel- und Südamerika und wurden schon von den Mayas und Azteken als Würze benützt. Die getrockneten oder frischen Schoten unterscheiden sich farblich von grün, leuchtend rot bis braun und lila. In der Schärfe von mild bis brennend scharf. Eine Faustregel: je kleiner die Chilis, desto schärfer sind sie. Je grüner, desto milder sind sie im Geschmack. Einige der wichtigsten, frischen Sorten:

Cayenne-Chilis: Die kleinen Schoten sind zunächst grün, färben sich aber beim Reifen rot und sind scharf.

Anaheim-Chilis: Es sind grüne, hellolivfarbene Schoten, die bis zu 20 cm lang werden können. Sie schmecken mittelscharf bis mild. Die roten Anaheim-Chilis sind nicht anders als gereifte grüne, die einen süßlichen Geschmack haben.

Peperoncino: ist eine scharfe, rote Pfefferschote. Man bekommt sie getrocknet und frisch. Man verwendet sie zumeist in der italienischen Küche.

Peperoni: Alle unreifen grüne Früchte, also die Schoten des Chilipfeffers bezeichnet man so.

Vogelaugenpfeffer: Die sehr scharfe, winzige Chilischote kommt meist aus Thailand. Sie ist gereift orangerot.

Ancho-Chilis: Die scharfe, mittelbraune, runzelige Schote wird auch Poblana genannt.

Chipotle-Chilis: Es sind geräucherte Jalapeño-Schoten mit einem rauchigen Geschmack. In der mexikanischen Küche sind sie unentbehrlich.

Chilis gibt es getrocknet, frisch oder eingelegt zu kaufen. Man würzt damit Tomatensuppen und -saucen, aber auch Fleischeintöpfe wie *Chili con carne*.

Tipp: Frische Chilis halten sich im Gemüsefach des Kühlschrankes mehrere Wochen, getrocknete mehrere Jahre.

CURRY-GEWÜRZ

Auch: Curry oder Curry-Pulver:

Curry kommt aus Indien. Man bezeichnet dort aber nicht ein Gewürz, sondern meint damit Schmorgerichte aus Fleisch, Geflügel, Fisch oder Gemüse. Currypulver sind Gewürzmischungen, die denen der indischen Küche nachempfunden wurden. Sie entstanden im 19. Jh. in England in Anlehnung an indische Gerichte. Kolonialherren wiesen ihre Köche an, die Speisen auf indische Art zu würzen. Um dies einfacher zu gestalten, mischten die Köche ein Curry-Gewürz. Diese inzwischen sehr bekannte und oft verwendete Mischung besteht aus 12-20, manchmal aus 36 verschiedenen Gewürzen. Darin enthalten sind fast immer Kardamon, Ingwer, Cayenne- und schwarzer Pfeffer. Außerdem Piment, Koriander, Nelken, Paprikapulver, Kreuzkümmel, Zimt, Bockshornklee und auf jeden Fall Kurkuma, die das Gewürz gelb macht. Es gibt verschiedene Mischungen: **Indischer Curry** ist mildfruchtig, **Madras Curry** mildaromatisch, dagegen würzigscharf ist der **Bengalen-Curry**.

In Indien selbst würde man nie eine fertige Mischung verwenden, sondern der Koch oder die Hausfrau mischen für jede Mahlzeit ihr Currypulver jeweils neu, passend zu dem jeweiligen Gericht.
Tipp: Das Gewürz zuerst im nicht so heißen Fett leicht andünsten und dann die Flüssigkeit dazu geben, so entwickelt der Curry am besten sein Aroma.

DILL

Der Dill war ursprünglich in Vorderasien verbreitet. Er war aber auch schon im alten Ägypten und bei den Griechen und Römern bekannt. Dill wird heute in ganz Europa angebaut. Für die Küche Nordeuropas ist er sehr wichtig. Die feingliedrigen Blätter des Doldengewächses schmecken mild und etwas nach Kümmel, er riecht sehr aromatisch.

Dill gibt es getrocknet und frisch. Allerdings ist er getrocknet weniger aromatisch. Man würzt damit helle Saucen, Remoulade oder Majonäse. Kalbfleisch- und Hühnerragouts, Fisch, Aal und Matjes werden gern mit Dill abgeschmeckt. Außerdem sollte das Kraut nicht an Fischsud, Krebse, Krabben oder Hummer fehlen. Man kann es auch an Gemüsen, wie Gurken, Bohnen, sowie Rohkostplatten oder Salate verwenden.

Tipp: Da Dill keine große Hitze verträgt - er wird dann grau – sollte man ihn nicht mit garen.

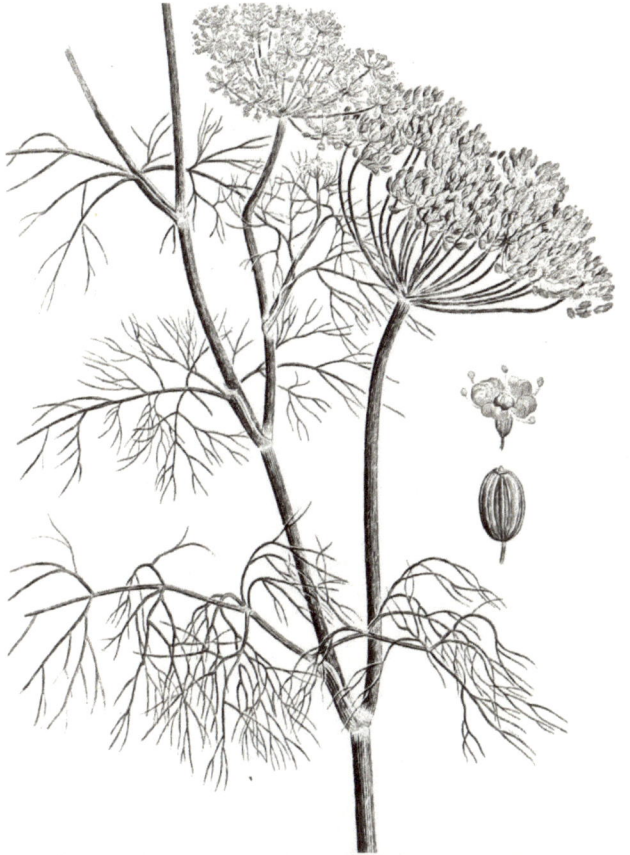

13

ESTRAGON

Die Heimat des Krautes ist Osteuropa, Asien und Nordamerika von Kanada bis Mexiko. Estragonpflanzen können bis zu 1,50 m hoch wachsen und haben lanzenartige, grüne Blätter und gehören zu den Korbblütlern. Zum Würzen verwendet man die jungen Triebe oder Blätter, die mehrmals im Jahr wachsen. Im Sommer ist das bittersüße, feinwürzige, nach Anis schmeckende Aroma wesentlich intensiver.

Man kennt zwei Sorten: den Deutschen oder Französischen und den Russischen Estragon. Letzterer schmeckt eher bitter und beißend, nach Kerbel schmeckend.
Estragon gibt es frisch, gemahlen, getrocknet oder gerebelt im Handel. Er gehört auf jeden Fall zur klassischen *Sauce béarnaise*. Butter- und Sahnesaucen, sowie helles Fleisch, Fisch und Eier werden mit dem Kraut gewürzt. Estragon passt ebenfalls gut an Salate und Gemüse wie Zucchinis, Auberginen oder Tomaten. Für Kräuterquark, Kräuterbutter, zu Senf und Essig oder Sauerbratenbeize wird er auch verwendet. Neben Schnittlauch, Petersilie und Kerbel gehört Estragon zu der klassischen französischen Kräutermischung *Fines herbes*.
Tipp: Estragon schmeckt getrocknet leicht nach Heu, besser man gefriert ihn frisch ein.

FENCHEL

Auch: Fennekel, Gewürzfenchel, Römischer Fenchel

Südeuropa und Nordafrika sind das ursprüngliche Verbreitungsgebiet. Nach dem 16. Jh. verbreitete er sich in Europa.

Weiter verarbeitet werden einerseits die Knollen – in Salaten, Gemüsegerichten und als Beilage zu gedünsteten Fischgerichten, andererseits die Früchte des Fenchels, die Fenchelsamen, die man mit Anis vergleichen könnte, als Gewürz im Schwarzbrot oder aufgegossen als Tee. Er gehört mit Pfefferminz- oder Kamillentee zu den geschätzten Kräutertees.

Fenchel gehört traditionsgemäß zu Fisch. Er aromatisiert Liköre wie z.B. den französischen *Fenouillette* oder Salami wie die italienische *Finocchiona*. Auch in der indischen Küche sind Fenchelsamen sehr beliebt als Bestandteil von Gewürzmischungen.

Tipp: Die Knolle des Süßen Fenchels in Butter oder Öl gebraten ist eine delikate Beilage mit allerfeinstem Fenchelaroma.

15

GRANATAPFEL

Auch: Granate oder Purpurfrucht

Ursprünglich stammt der Granatapfel aus dem Iran, Afghanistan und Nordindien. Er wird heute aber auch im Mittelmeerraum angebaut. Der Iran zählt heute noch zu den Hauptproduzenten weltweit. Ein Granatapfel soll die biblische Frucht vom Baum der Erkenntnis gewesen sein. Die Pflanzenart gehört zu den Weiderich-Gewächsen. Ihre Frucht wird in der Küche verwendet. Für die Zubereitung ist es am besten, die Spitze etwa 1,5 cm abzuschneiden, die Trennwände der einzelnen Kammern außen einschneiden und die Frucht dann sternförmig aufbrechen.

Aus dem Saft wird der Granatapfelwein gewonnen. Das rosarote, kernhaltige Fleisch hat eine vollkommene Verbindung von Süße und Säure.
Frucht und Saft können Wild- und Geflügelgerichte verfeinern. Die Kerne passen gut zu Obstsalaten. Aus der Schale wurde traditionell Farbstoff für Orientteppiche gewonnen.
Tipp: Schale weich kneten, ein Loch in den Apfel stechen und den Saft dann ausdrücken.

16

INGWER

Seit rund 700 Jahren kennt man hierzulande den Ingwer. Klingt lang, ist aber genau betrachtet ein Klacks, denn in Indien und anderen asiatischen Ländern kommt die Wurzel schon seit mehr als 3.000 Jahren zum Einsatz. Ingwer stammt ursprünglich aus den ostasiatischen Regenwäldern und wurde erstmals vor rund 3.000 Jahren in Indien angebaut. Die Ingwergewächse gehören zur Familie der Gewürzlilien; man verwendet nur die kleinen Wurzelableger. Sie müssen jung und zart sein, sonst werden sie leicht holzig und zu scharf. Ältere Wurzeln verarbeitet die Gewürzindustrie zu gemahlenem Ingwer, den man zum Abschmecken von Suppen, Fleisch- und Fischgerichten nehmen kann. Da das Pulver fast keine ätherischen Öle mehr enthält, kommt es weder in Wirkung noch im Geschmack an frischen Ingwer heran.

Frischen Ingwer bekommt man das ganze Jahr über. Er schmeckt wunderbar würzig und scharf. Der größte Produzent ist Indien, das größte Anbaugebiet ist in Nigeria und China ist der größte Exporteur. Ingwer zählt frisch wie auch getrocknet und gemahlen zu den bekanntesten Küchenkräutern und Gewürzen.
Ingwer feingehackt oder geraspelt verwendet man beim Einlegen von Gurken, Kürbissen oder Chutneys. Gemahlener Ingwer gibt Printen, Lebkuchen, Milchreis, Fruchtsalaten und pikanten Reisgerichten einen interessanten Geschmack.
Tipp: Je jünger und frischer die Ingwerwurzel, desto aromatischer ist sie und desto ausgewogener ist das Verhältnis von Aroma und Schärfe. Älterer und zu lange gelagerter Ingwer verliert viel an Geschmack und bekommt eine beißende Schärfe.

KAPERN

Auch: Echter Kapernstrauch oder Dorniger Kapernstrauch

Der Kapernstrauch, der bis zu 1,20 m hoch werden kann, entwickelt Blütenknospen, die zu Kapern weiter verarbeitet werden. Kapernsträuche findet man auf steinigen Böden im gesamten Mittelmeergebiet.

Die geschlossenen, unreifen Blütenknospen werden im Frühjahr von Hand geerntet und sind noch ungenießbar. Sie werden danach für einen Tag gewalkt und später in Salz und Essig eingelegt. Die Kapern bilden dadurch den würzig-pikanten Geschmack. Kapern sollten oliv bis bläulichgrün und geschlossen sein. In Frankreich werden die Kapern nach Größe in verschiedene Klassen unterteilt.

Die *nonpareilles*, die Unvergleichlichen haben eine Größe von 4 - 7 mm und gelten als die besten Kapern.

Kapern werden warmen Gerichten erst am Schluss zugegeben, da das Aroma bei Wärme verflüchtigt. Eingesalzene Kapern, wie sie in der italienischen und spanischen Küche verwendet werden, sollten vor Verwendung gewässert werden. Gerichte mit Kapern in Italien sind: *Spaghetti alla putanesca, Vitello tonnato*. In Deutschland findet man sie in Königsberger Klopse, Frikassee und Rindertatar.

Tipp: Wegen des sehr speziellen Geschmacks der Kapern sollten sie sehr sparsam mit anderen Gewürzen verwendet werden.

KARDAMOM

Auch: Cardamon oder Kardamon

Die Gewürzart stammt ursprünglich aus Südindien, Irak und Thailand. Guatemala ist heutzutage ein großes Anbauland und ein großer Exporteur von Kardamom. Die Kardamompflanze gehört zu den Ingwergewächsen. Die getrockneten Fruchtkapseln zählt man zu den feinsten und ältesten Gewürzen. Sie werden kurz vor der Reife mit der Hand gepflückt. Man sollte ganze Kapseln dem Kardamom-Pulver vorziehen. Die Kapseln erst bei Bedarf im Mörser aufstoßen, die Schalen entfernen und den Samen mit dem Mörserstempel zerreiben, das verleiht dem Kardamom den würzigen, süßlich-scharfen Geschmack. Guten Kardamom erkennt man an der frisch-grünen Farbe der Kapseln und der ölig-schwarzen Farbe der Samenkörner.

In den arabischen und asiatischen Ländern ist Kardamom ein weit verbreitetes Gewürz, z.B. Hauptbestandteil der indischen *Masalas.* Bei der Zubereitung von arabischem Kaffee wird meist Kardamom dazu gegeben. In der europäischen Küche findet man das Gewürz hauptsächlich im Weihnachtsgebäck, wie Lebkuchen oder Spekulatius aber auch in Wurstwaren und als Bestandteil von Gewürzmischungen.

Tipp: Kardamomkapseln müssen mitgekocht werden, damit sie ihr volles Aroma entwickeln.

KERBEL

Die Pflanze kann bis zu 60 cm hoch werden und gehört zu den Doldengewächsen. Ihre hellgrünen Blättchen werden als Gewürz verwendet.
Sie ähneln denen der Glatten Petersilie, sind aber zarter und schmecken leicht süßlich. Im Geschmack erinnern sie an Anis und Fenchel. Kerbel stammt ursprünglich aus Südrussland. Die Römer kannten Kerbel auch schon und würzten damit Hühnerfleischgerichte.

Kerbel gibt es getrocknet oder frisch im Handel. Unentbehrlich ist Kerbel in der Kerbelsuppe, in Remoulade oder Kräutermajonäse. Er passt ausgezeichnet zu Eiergerichten wie Omelett oder Rührei, sowie an zarten Cremesuppen, Joghurt, Quark oder Frischkäse. Fischragouts kann man ebenfalls mit Kerbel würzen.
Tipp: Das Aroma von Kerbel verflüchtigt sich beim Einfrieren oder Trocknen, also besser frisch verwenden.

KNOBLAUCH

Auch: Knofel, Alterswurzel oder Stinkzwiebel

Ursprünglich war sein Verbreitungsgebiet Zentralasien bis zum Iran. Heute wird Knoblauch jedoch weltweit angebaut. Die Arbeiter an den Pyramiden verweigerten die Arbeit, wenn es keinen Knoblauch gab. Die Römer sahen in ihm ein Aphrodisiakum. Auf dem Balkan galt er als Schutz gegen Vampire. Von Pythagoras wurde er als der „König der Gewürze" bezeichnet. Eine Knoblauchknolle hat rund 12 Nebenzwiebeln, Zehen genannt.

Knoblauch bekommt man frisch und gemahlen, als Granulat mit Salz vermischt, die Zehen gibt es auch eingelegt in Salzlake oder Öl. Knoblauch riecht eigenartig scharf und durchdringend, ein bisschen wie Schwefel. Der Geschmack ist schwach brennend, leicht süßlich.

Wichtig ist Knoblauch in der Küche Asiens und des gesamten Mittelmeerraumes, so in *Spaghetti aglio e olio*, Knoblauchbrot, verschiedenen Würzsaucen oder Dips wie *Aioli* und *Tsatsiki*. Er wird auch in den meisten Braten-, Schmor-, Fisch- oder Eintopfgerichten geschmacksverstärkend verwendet. Außerdem würzt er Salate und Saucen, Suppen und Gemüse.

Tipp: Knoblauchzehen entfalten gut ihr Aroma, wenn man sie durch eine Knoblauchpresse presst oder mit Salz bestreut und mit der Breitseite eines Messers zerquetscht.

KORIANDER

Koriander ist eines der ältesten Gewürze der Welt und wurde schon in der Bibel erwähnt. Die 30-60 cm hohe Pflanze kommt aus dem östlichen Mittelmeergebiet. Heutige deutsche Anbaugebiete sind Franken, Württemberg und Thüringen.

Die getrockneten Samenkerne der Früchte schmecken würzig-pikant, leicht süßlich und erinnern an eine Mischung aus getrockneter Orangenschale, Zimt und Muskat.

Man verwendet sie ganz oder zuvor im Mörser zerstampft. Wenn man möchte kann man auch die frischen Blätter der Pflanze verwenden.

Koriander schmeckt gut zu Gemüse wie Kohl, Kartoffeln oder Hülsenfrüchten, zu Suppen und Saucen, Fisch-, Fleisch- und Geflügelgerichten.

Außerdem braucht man das Gewürz für Weihnachtsgebäck wie Spekulatius und Printen.

Tipp: Koriander harmoniert mit Knoblauch, Chili, Kreuzkümmel oder frischer Minze.

KÜMMEL

Er ist in Vorderasien und den Mittelmeerländern beheimatet. Seine Verbreitung erstreckt sich in ganz Europa. Er wächst wild an Wegränder und Wiesen. Selbst in Höhenlagen bis 2000 m kommt er noch vor. Die Blätter des Kümmels haben einen milden Geschmack, den man mit Petersilie oder Dill vergleichen könnte. Man verwendet sie gerne zum Salat oder zu Suppen. Die Kümmelsamen (botanisch korrekt die Kümmelfrüchte, die gedroschen und getrocknet werden) sind ein klassisches Gewürz für schwer verdauliche Gerichte, wie Sauerkraut und Kohlgerichte wie Weißkohl oder Wirsing, zu kräftigen Braten und Bratkartoffeln. Salaten, Quark oder Käse gibt er einen pikanten Geschmack. Im Kochsud von Langusten, Hummer oder Krebsen ist er unersetzbar. In der jüdischen und ostasiatischen, sowie skandinavischen Küche, wird er als Gewürz für Kuchen und Roggenbrot, Gulasch und geschmorte Äpfel verwendet. **Kreuzkümmel** ähnelt dem normalen Kümmel, er riecht aber etwas aufdringlich und schmeckt aromatisch-würzig und leicht bitter. Man verwendet ihn im *Couscous*, *Chili con carne* und indische Currys.

Tipp: Kümmel ist ein Einzelgänger, der kein anderes intensives Gewürz neben sich verträgt, außer Pfeffer und Chili.

LAUCH

Auch: Porree, Breitlauch, Welschzwiebel oder Gemeiner Lauch

Der Lauch ist eine Kulturform des Ackerlauchs, welcher wild im Mittelmeerraum vorkommt und in verschiedenen Formen kultiviert wird. Lauch war schon um 2100 v. Chr. bekannt. Auch im alten Ägypten war Lauch in Verwendung. Wahrscheinlich ist der Lauch im Mittelalter aus Italien nach Mitteleuropa gekommen. Es ist eine zweijährige krautige Pflanze, die Wuchshöhen von 60 bis 80 cm erreicht. Im Gegensatz zur Wildform hat Lauch keine Zwiebel.

Lauch wird hauptsächlich im Mittelmeerraum und in Europa angebaut, wobei in Deutschland der Schwerpunkt in Nordrhein-Westfalen liegt. Die langen Blattscheiden verwendet man als Gemüse (meist Winterlauch) sowie als Küchengewürz (meist Sommerlauch). Zusammen mit Karotten und Sellerie wird Lauch als Gewürz in Suppen als sogenanntes Suppengrün verwendet. Eine weitere Verwendung findet er im Speckkuchen, eine nordhessische Spezialität, oder als Lauchtorte in kalter und warmer Ausführung.

Bis in die 1970er Jahre wurde im deutschsprachigen Raum für Lauch häufig die Bezeichnung „Porree" benutzt, nur in der deutschsprachigen Schweiz, in Baden-Württemberg, Saarland, Rheinland-Pfalz, im südlichen Hessen und gestreut in Österreich und dem westlichen Bayern war die Bezeichnung „Lauch" noch gebräuchlicher.

Tipp: Lauch führt bei der Verdauung – ähnlich wie bei Zwiebeln – zu Blähungen.

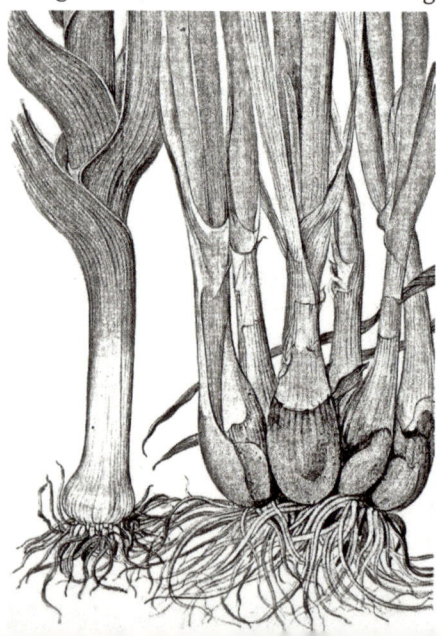

LIEBSTÖCKEL

Auch: Maggikraut, Badekraut oder Lavas

Liebstöckel stammt wahrscheinlich aus dem Nahen oder Mittleren Osten, wohl aus dem Iran und Afghanistan. Von dort aus kam es über den Mittelmeerraum ins restliche Europa. Es kann auch in den kälteren Gebieten verwildert auftreten. Die Pflanze ist krautig, winterhart und kann mannshoch werden und hat dunkelgrüne , sellerieähnliche Blätter und gehört zu der Familie Doldengewächse. Im Mittelalter reicherten jungen Frauen das Badewasser damit an, um Männer zu becircen. Liebstöckel schmeckt kräftig würzig, das Aroma erinnert an Sellerie und Maggikraut. Die bekannte *Maggi-Würze* enthält übrigens kein Liebstöckel.

Man bekommt ihn frisch, getrocknet und gemahlen, die frischen Blätter sind am intensivsten, sie können über den gesamten Sommer geerntet, getrocknet oder eingefroren werden. Feingehackt, finden sie Verwendung als Gewürz für Suppen, Eierspeisen und Pilzgerichten. Man würzt mit ihnen auch Salate, Erbsen- oder Kartoffelsuppe. Das Kraut paßt zu Blumenkohl, Möhren und Kohlrabi. Da Liebstöckel ein sehr intensives Gewürz ist, reichen manchmal schon 1 - 2 Blätter für ein Gericht. Mit den getrockneten Samen kann man Brot oder Gebäck würzen. Die jungen Triebe der Pflanze lassen sich zu einem Gemüse weiter verarbeiten.

Tipp: Liebstöckel kann mitgekocht werden, da es im Gegensatz zu vielen anderen Kräutern die Kochhitze verträgt.

LORBEER

Der Echte Lorbeer hat sich, aus Vorderasien kommend, über den Mittelmeerraum verbreitet. In der Antike war Lorbeer dem griechischen Gott Apollo geweiht. Seine erste Liebe wurde auf ihrer Flucht in einen Lorbeerbaum verwandelt, als Zeichen seines Sieges trug Apollo von da an einen Lorbeerkranz. Später schmückten sich Sänger, Dichter und Feldherrn mit einem Kranz aus Lorbeerblättern. Lorbeerblätter schmecken herb aromatisch und riechen stark würzig. Es gibt sie meist nur in getrockneter Form. Das Aroma der Blätter passt zu Suppen, Eintöpfen, Fleischgerichten, aber auch zu Fisch. Man verwendet sie auch beim Einlegen von Gurken und Heringe, für Sülzen, Pasteten und zur Aromatisierung von Essig. Wichtig sind sie auch als Würze für die Marinaden von Fleisch, Sauerbraten und Wild. Lorbeerblätter sind auch ein Teil des *Bouquet garni* der französischen Küche.

Tipp: Blätter immer mitkochen, wenn man sie zuvor einreißt, wird der Geschmack noch intensiver.

MAJORAN

Majoran stammt aus Kleinasien oder Zypern. Das Kraut mit seinen eiförmigen, dunkelgrünen und behaarten Blättern war schon bei den Römern eines der meist gebrauchten Gewürze. Heute wird es in allen Mittelmeerländern und in Mittel- und Osteuropa angebaut. Für gute Qualität ist ein ziemlich warmes und mediterranes Klima notwendig. Majoran schmeckt kräftig würzig und leicht herb aromatisch. Er duftet sehr intensiv. Majoran und **Oregano,** das Pizza-Gewürz, gehören zur selben Pflanzengattung, ihr Oberbegriff ist Dost. Die beiden nie zusammen verwenden, sie harmonieren nicht.

Im Handel gibt es Majoran getrocknet, gerebelt und frisch. In getrockneter Form behält er seine Würze.
Er ist das klassische Wurstgewürz und wird für Thüringer Bratwurst genau so wie für Blut- und Leberwurst gebraucht. Majoran passt außerdem zu Leberknödel und Leberpastete aber auch zu Kartoffelsuppen, Bratkartoffeln und Eintöpfen mit Hülsenfrüchten. An Enten- und Gänsebraten, Schwein oder Lamm wird er ebenfalls verwendet.
Tipp: Da Majoran stark würzt, sollte man ihn nur in geringen Mengen mit garen.

MINZE

Minze ist ein altehrwürdiges Kraut, denn es war schon eine Beigabe in ägyptischen Gräbern. Als größte Liebhaber gelten die Engländer: Sie entwickelten eine neue Kreuzungssorte, die Pfefferminze, und machten daraus die gewöhnungsbedürftige englische *Mintsauce*. Barkeeper und Köche finden die Grüne Minze, die *Spearmint* am ergiebigsten. Die Anzahl der verschiedensten Minze-Sorten ist kaum überschaubar. Die Pflanzen können sich selbst untereinander kreuzen, so entstehen immer neue Sorten. Sie gehören aber allesamt zur Familie der Lippenblütler und werden zwischen 50 cm und 1 m hoch. Alle entwickeln mehr oder weniger stark das typische Menthol.

Grüne Minze: hat leuchtendgrüne, längliche, eiförmige Blätter und ein frisches pfeffriges Aroma.

Pfefferminze: ist eine Kreuzung aus wildwachsender Wasserminze und Grüner Minze. Ihre Blätter sind dunkler als die der Grünen Minze. Sie hat ein starkes pfeffriges Menthol-Aroma. In arabischen Ländern ist – meist stark gezuckert – Pfefferminztee ein Nationalgetränk.

Apfelminze: auch sie ist eine Zuchtart der Grünen Minze. Sie hat runde, gelbgrüne Blätter, die nach Äpfeln duften. Ihr Aroma ist lieblich und milder.

Tipp: Minze verträgt keine anderen Gewürze neben sich.

Auch: Muskatnuss, Bandanuss oder Suppennuss

Ursprünglich auf den Banda-Inseln und den Molukken beheimatet, werden Muskatnussbäume heute auch im tropischen Asien, Südamerika und Afrika angebaut. Grenada ist der Hauptexporteur, eine Muskatnuss ist daher auf der Flagge Grenadas abgebildet. Früher war das Gewürz sehr begehrt und deshalb teuer. In der Volksmedizin galt die Nuss als Rauschmittel und auch als Aphrodisiakum.

Die Muskatnuss ist der Samenkern, der aprikosenähnlichen Muskatnussfrucht. Aus dem Fruchtfleisch kann man Gelee oder Sirup kochen. Ihre Samenschalen werden aufgeschlagen, damit man an die sogenannten Muskatnüsse kommt. Sie schmecken feurig-würzig, leicht bitter und riechen aromatisch. Muskatnuss gibt es als „Nuss" oder bereits gemahlen. Man würzt mit ihr Suppen, helle Saucen, Gemüse wie Spinat, Brokoli oder Blumenkohl. Sie passt gut zu Fisch, Fleischgerichten oder Ragouts, aber auch zu Pudding und zartem Gebäck.

Tipp: Da das Aroma erst beim Reiben frei wird, aber schnell schwindet, sollte man Muskatnuss immer frisch gerieben über die Speisen geben.

OLIVEN

Die Ölbaum-Früchte gehören zu den ältesten Früchten, die Blätter wurden in fossilen Funden auf der Insel Santorin gefunden. Die Blätter des Baumes waren bei einem Ausbruch des Vulkans Thera vor 3600 Jahren in Asche-ablagerungen eingeschlossen worden.

Hauptanbaugebiet ist heute wie schon immer das Mittelmeer-gebiet. Der Unterschied in den Farben hängt vom Reifegrad ab, grün sind die unreifen, schwarz die ausgereiften Oliven. Unreife, die noch hart und bitter sind, müssen eingelegt werden Nach monatelanger Behandlung verlieren sie die Härte und werden genießbar. Man unter-scheidet außerdem zwischen Tafel- und Ölsorten.

Heute kann man nicht mehr sagen, wie viele Sorten es gibt, es sollen bis zu 1000 sein, drei werden hier vorgestellt. **Manzanilla,** die rundliche Tafelolive wird vorwiegend in Spanien angebaut und ist die am weitesten verbreitete. Es gibt schwarze und grüne Manzanilla-Oliven. Die „un-reifen" Früchte werden oft mit Paprika, Sardellenpaste oder Mandeln gefüllt angeboten. **Kalamata,** sie ist die bekann-teste Sorte aus Griechenland. Die mandelförmigen Früchte haben eine etwas kräftigere

Schale und sind rotbraun bis schwarz. Die Kalamata-Oliven heben sich durch ihre Saftigkeit und ihrem würzig-aromatischen Geschmack hervor. Man kann sie in Lake oder Öl kaufen.

Throuba Thassou, ist eine seltenere Olivensorte, die nur auf der griechischen Insel Thassos angebaut wird. Man erntet sie z.T. von 1000 Jahren alten Bäu-men, die keine Düngemittel oder Pestizide benötigen. Die Früchte werden durch trockenes Einsalzen konserviert.

Tipp: Lose Oliven sollten inner-halb von 2 Tagen verbraucht sein.

Auch: Wintermajoran oder Dost

Ursprünglich im Mittelmeergebiet beheimatet, wird er heute weltweit in warmen und gemäßigten Gebieten angebaut und genutzt. Oregano hat längliche eiförmige Blätter, die spitz zulaufen, manche von ihnen weisen eine leichte Behaarung auf. Er ist mit dem Majoran verwandt und war schon im Mittelalter als Zauber- und Heilpflanze bekannt. Als Würzmittel kennt man Oregano schon seit 300 Jahren. In der deutschen Küche spielt er eher eine untergeordnete Rolle. In der Mittelmeer-Küche ist Oregano ein sehr wichtiges Gewürz. Er ist z. B. das Pizzagewürz schlechthin. Seine Blätter schmecken scharfwürzig, bitterherb und riechen angenehm würzig. Man kann ihn getrocknet und frisch kaufen. Getrocknet ist er gemahlen oder gerebelt im Handel. Auch im getrockneten Zustand behält er sein kräftiges Aroma. Oregano paßt gut zu Omeletts, italienischen Saucen, Tomatengerichten, Lamm und Gemüseaufläufen.

In der Tex-Mex-Küche wird das Gewürz gerne zusammen mit Chilis, Knoblauch, Kreuzkümmel und Zwiebeln verwendet. Deshalb ist es ein wichtiger Bestandteil für *Chli con carne.*

Tipp: Obwohl Oregano ein intensives Aroma hat, verträgt es sich gut mit anderen Kräutern, nur mit Majoran nicht.

PAPRIKA

Auch: Paprikapulver oder Ungarischer Pfeffer

Die Heimat der bis zu 1 m hohen Pflanze ist Südamerika. Sie wird aber heute vorwiegend in den Ländern Ungarn, Bulgarien und Rumänien angebaut. In den Beerenfrüchten sitzen an den inneren Trennwänden kleine hellgelbe Samen.

Paprika-Gewürzpulver wird aus getrockneten, gemahlenen Gemüsepaprikas hergestellt.

Paprika ist ein Universalgenie für die Küche. Mit ihm kann man Suppen, Saucen, Eierspeisen, Käsegerichte und Salate würzen. Das Gewürz passt zu allen Fleischgerichten, aber auch zu Fisch und Gemüse, wie Kohl, Tomaten und Pilze. Scharfe Paprikasorten nicht mitkochen, sondern am besten die Speisen am Schluss damit abschmecken.

Man unterscheidet folgende vier wichtigen Sorten:

Delikatess-Paprika: Er hat keine Kerne und Trennwände, schmeckt mild-aromatisch und ist hellrot.

Edelsüß-Paprika: Das Pulver ist ohne Rippen und mit wenig Samen, schmeckt würzig mit milder Schärfe und ist tiefrot.

Rosen-Paprika: Dieser ist mit Kernen und Rippen, schmeckt sehr scharf und ist dunkel- oder gelblichrot.

Scharf-Paprika: Diese Sorte mit Rippen und Kernen – bei besserer Qualität ohne Rippen – schmeckt brennend scharf und ist bräunlich-rot.

Tipp: Je intensiver die Rotfärbung, desto milder ist das Paprikapulver.

PETERSILIE

Petersilie ist ein auf Felsen wachsendes Doldengewächs. Die ursprüngliche Heimat war der Mittelmeerraum. Heute baut man sie in Mitteleuropa in Gärten an, wo sie selten verwildert. Das bis zu 50 cm hohe Kraut aus der Familie der Doldenblütler ist wahrscheinlich das populärste Küchengewürz. Stängel und Blätter riechen sehr aromatisch und sind im Geschmack würzig frisch. Die „glatte" schmeckt im Gegensatz zur „krausen" Variante kräftiger und hat ein feineres Aroma.

Petersilie gibt es im Handel frisch, getrocknet und tiefgefroren. Krause Petersilie eignet sich am besten zum Garnieren von Platten. Feingehackt, würzt man mit ihr, wie auch mit der glatten Version, Majonäsen, Quarkgerichte, Kräuterbutter und Salatsaucen. Glatte Petersilie verwendet man zu Schmorgerichten, Eintöpfen und Eierspeisen aber auch zu Gemüsegerichten. Für Fisch-, Fleisch und Geflügelgerichte wird sie auch als Würze verwendet. Petersilie ist Bestandteil des *Bouquet garni* und ist Bestandteil der Grünen Sauce nach Frankfurter Art.

Tipp: Krause Petersilie sollte man nie mitkochen, im Gegensatz zu ihrer Schwester der glatten Petersilie, die Hitze verträgt.

33

PFEFFER

Die Beerenfrüchte des grünen Pfefferstrauches, der echte Pfeffer, war ursprünglich in den Wäldern Indiens zu finden. Je nach Reifegrad sind die Beeren grün, rot oder gelb. Die scharfen Körner waren bei den Römern ein begehrtes Statussymbol. Holländer und Portugiesen stritten sich um das wertvolle Pfeffer-Monopol und ließen die Körner mit Gold aufwiegen.

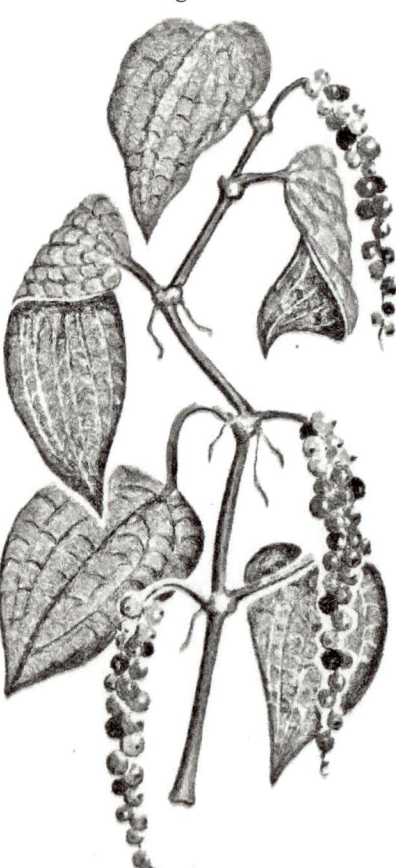

Echten Pfeffer gibt es ganz, gemahlen, grob geschrotet und in Lake eingelegt. Pfeffer gib es in unterschiedlichen Geschmacksrichtungen von mild bis feurig scharf:

Schwarzer Pfeffer wird aus unreifen, grünen Früchten, die durch Trocknen runzlig und schwarz werden, gewonnen. Er würzt Suppen, Saucen und alle Fleischgerichte besonders scharf und leicht brennend.

Weißer Pfeffer sind ausschließlich die Steinkerne von vollreifem Pfeffer, der mechanisch geschält und getrocknet wird, bis sie gelblich-weiß sind.

Grüner Pfeffer wird ebenfalls aus unreifen früh geernteten Früchten hergestellt. Er wird entweder frisch in Salzlake eingelegt oder bei hohen Temperaturen getrocknet, dadurch behält er seine grüne Farbe. Er eignet sich gut für Lamm, Marinaden, Tatar, Ragouts und Frikadellen. Selbst Erdbeeren erhalten durch ihn eine pikante Note.

Rosa Pfeffer, die fast reifen rosafarbenen Beeren wachsen in Südamerika am Brasilianischen Pfefferbaum. Die Pfefferkörner schmecken süßlich-würzig, leicht scharf und sollten sparsam verwendet werden.

Tipp: Weißer Pfeffer an helle Speisen, schwarzer an dunkle. Gemahlenen Pfeffer erst am Ende des Garens zum Gericht geben.

PIMENT

Der Name Piment entstand, weil die Früchte von den frühen spanischen Entdeckern in Südamerika mit Pfeffer (span. pimienta) verwechselt wurden. Piment sind die getrockneten Früchte des Nelkenpfefferbaumes, der zur Familie der Myrtengewächse gehört. Die Pflanze kann nur 6 – 13 cm hochwerden, aus ihren Blüten entwickeln sich zuerst die Beeren grün und im reifen Zustand rot. Nelkenpfeffer wird auch heute noch überwiegend in Mittelamerika und Jamaika angebaut. Piment riecht wie eine Mischung aus Pfeffer, Nelken, Muskat und Zimt, hat aber nicht die Schärfe wie Pfeffer. Man kann Piment als Körner oder gemahlen kaufen. Die Körner verwendet man für Marinaden, Beizen, Fischsuppen, *Bouillabaisse* und Kohlgerichte. Gemahlen passt er zu Suppen, Saucen und Eintöpfen, aber auch zur Wurstherstellung, zu Sauerkraut und Pasteten. Bei der Herstellung von Weihnachtsgebäck, wie Printen und Spekulatius, ist er unverzichtbar.

Tipp: Piment verträgt sich mit den meisten exotischen Gewürzen.

ROSMARIN

Auch: Weihrauchkraut oder Maria Reinigung

Die Pflanze wächst wild im Mittelmeerraum, insbesondere in den Küstenregionen Portugals bis zum Ionischen Meer. In der Antike kannte man schon das Kraut, allerdings mehr als Heil-und Kultmittel. Rosmarin benützte man auch als Glücksbringer, um böse Geister damit zu vertreiben. Der immergrüne, holzige Halbstrauch hat blaue Blüten und Tannennadeln ähnliche Blätter. Sie bilden frisch ein starkes Küchengewürz, schmecken harzig-pikant und duften sehr aromatisch. Es gibt ihn frisch und getrocknet zu kaufen, getrocknet schmeckt er ein bisschen mehr harzartig. Frisch ist er durch seinen starken Geschmack das ideale Grillgewürz.

Rosmarin rundet den Geschmack von Ratatouille oder Bratkartoffeln ab. Er harmoniert sehr gut mit Huhn, Kalbsleber, Kaninchen und Lamm und darf nicht auf der Pizza fehlen. Rosmarin entfaltet sein Aroma am besten bei Hitze, deshalb mitkochen, mitbraten oder grillen.

Tipp: Getrocknete Rosmarinnadeln vor der Verwendung immer erst zwischen den Fingern verreiben.

SAFRAN

Auch: Gelbe Würze oder Suppengelb

Ursprünglich in Vorderasien beheimatet wird Safran heute in den Mittelmeerländern, in Österreich und in Ostasien angebaut. Der Safran ist eine Krokusart, die im Herbst violett blüht. Aus den Narben ihrer Blüten wird das ebenfalls Safran genannte Gewürz gewonnen. 15 Tage dauert die Blüte. In dieser Zeitspanne werden täglich die roten Narben der geöffneten Blüten mit der Hand abgezwickt. Anschließend werden sie möglichst schnell getrocknet. Safran ist das teuerste Gewürz der Welt, da für 1 g Safran 100000 bis 200000 Blütennarben benötigt werden. Noch heute ist das Fälschen des gemahlenen Safrans weit verbreitet. Fälschungen bestehen meist aus einer Kurkuma-Mischung. Safran schmeckt bitter-herb-scharf, was sich bei normaler Dosierung nicht auswirkt. Gerichte mit Safran werden durch ihn intensiv goldgelb gefärbt. Safran ist in Fäden oder gemahlen zu kaufen. Man verwendet ihn vorwiegend für *Bouilabaisse, Risotto alla milanese* und *Paella*. Aber auch Süßspeisen wie Pudding, Grießbrei und Rührteige bekommen durch eine Prise Safran eine leuchtende gelbe Farbe und ein spezielles Aroma.

Tipp: Die Farbstoffe des Safrans werden gleichmäßig verteilt, wenn man die Fäden zuvor in heißem Wasser etwas einweicht und dann zusammen mit dem Einweichwasser an das Gericht gibt.

Auch: Griechischer Tee, Muskateller Kraut oder Zahnblatt

Die Gattung Salvia ist fast weltweit verbreitet von tropischen bis in gemäßigte Gebiete. Es gibt unzählige Varianten, allein im Mittelmeerraum kennt man 250 verschiedene. Salbei ist ein Halbstrauch, der bis zu 1 m hoch werden kann. Die graugrünen Blätter wurden schon von den alten Römern als Heilmittel geschätzt. Der Name stammt vom lateinischen Wort *salvere,* gesund sein ab. Als Küchenkraut fand er erst im Mittelalter seine Verwendung. Die sehr aromatischen Blätter werden zum Würzen von gekochten Speisen verwendet. Da sie verdauungsfördernd wirken, verwendet man sie zum Würzen von schweren, fettigen Gerichten. Salbei gibt es in allen Varianten: frisch, getrocknet, gefriergetrocknet und gehackt oder gemahlen.

Man nimmt ihn gerne zu Geflügel- oder Hackfleisch-Füllungen, sowie bei Kalb, Rind, Schwein oder Leber. Salbei ist ein absolutes Muss an der italienischen Spezialität *Saltimbocca*. Außerdem würzt er Hülsenfrüchte, Tomaten-, Eier- und Nudelgerichte.

Tipp: Getrockneter Salbei würzt stärker als frischer, deshalb Vorsicht beim Dosieren.

SCHNITTLAUCH

Auch: Gras-, Binsenlauch oder Schnittling

Natürliche Bestände von Schnittlauch findet man auf der Nordhalbkugel in alpinen Hochgebirgen, sowie in Nutzgärten als auch verwildert. Es gibt zahlreiche Sorten, sie unterscheiden sich in der Höhe des Wuchses und der Blattdicke.

Alle Sorten gehören zu der Familie der Liliengewächse.

Schnittlauch ist seit dem frühen Mittelalter bekannt, damals aber mehr als Heilmittel gegen Magenbeschwerden oder Melancholie. Nach der Petersilie ist der Schnittlauch das beliebteste Küchengewürz. Frisch verwendet hat er einen hohen Anteil an Vitamin C. Im Geschmack ist Schnittlauch würzig-frisch und er duftet nach Zwiebeln.

Verwendet werden nur die oberirdischen Röhrenblätter. Im Handel ist er frisch und tiefgefroren zu haben. Fein geschnitten wird er an Salaten, Suppen, Eiergerichten oder auch Majonäse zugefügt. Schnittlauch ist Bestandteil der Frankfurter Grünen Soße und der *Fines Herbes* der französischen Küche.

Tipp: Nach dem Einkauf sofort vom Gummiband befreien und ins Wasser stellen.

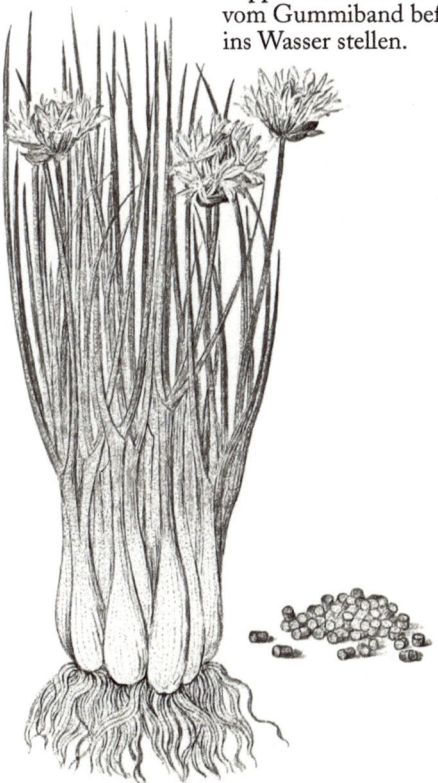

SELLERIE

Die Knollen entstanden erst durch eine italienische Züchtung im 16. Jh. Sie enthalten wertvolle Vitamine und Mineralsalze. Den blätterreichen wilden Sellerie findet man noch auf Salzwiesen. Er gehört zu der Familie der Doldenblütler.

Die Knollen, Stängel oder Blätter kann man ganz nach Geschmack als Gemüse, Salat oder Gewürz verwenden. Außerdem gilt es von jeher als Aphrodisiakum. Aus den pulverisierten Knollen wird das Selleriesalz hergestellt. Es war früher ein wiederbelebendes Riechsalz. Heute als Kochsalz verwendet, würzt es bestens Tomatensaft, Gemüse und Salatsaucen. In der regionalen Küche verwendet man ihn in Suppen. Sellerie kann bestens Saucen und Salate würzen. Engländer lieben es an Selleriestangen zu knabbern. Die alte Sitte ist heute noch in England eine beliebte Leckerei mit Salz und Käse zum Bier.

Tipp: Sellerie nimmt, wenn man ein Stückchen mit kocht, dem Kohl seine Penetranz.

SENFKÖRNER

Senfkörner haben eine lange Geschichte als Gewürz. Schon in der Bibel findet sich das Gleichnis vom Senfkorn. Ursprünglich aus Asien stammend war die Senfpflanze in der Antike in ganz Europa als Gewürzpflanze bekannt. Vor allem wird Senf heute in Deutschland, Niederlande und Frankreich kultiviert. In der Küche schätzt man Senfkörner wegen ihres feinen, nußigen Aromas und der intensiven Schärfe. Die Samen selbst sind gar nicht so scharf, erst durch Mahlen oder Zerkauen und Zusammentreffen mit Wasser bekommen sie Schärfe. Senfkörner gibt es ganz oder gemahlen. Sie werden ganz zum Würzen von Wurstwaren, Beizen, Marinaden, eingelegtem Gemüse wie Gurken verwendet. Senfpulver passt gut zu pikanten Saucen, Suppen und süß-sauren Früchten. Man unterscheidet:

Weißer Senf: Die Samen stammen von der bis zu 1 m hohen Pflanze. Aus den Blüten reifen Schoten, die die hellgelben kugeligen Samen tragen. Weißer Senf ist geruchlos.

Schwarzer Senf: Die Samen sind etwas kleiner und schwarz. Die Pflanze gehört ebenfalls zu den Kreuzblütlern. Schwarze Senfkörner sind schärfer und werden ausschließlich zur Herstellung von Tafelsenf verwendet.

Brauner Senf: Er ist mit dem schwarzen Senf verwandt und schmeckt scharf würzig.

Tipp: Aus Senfpulver, mit Essig, Wasser oder Bier verrührt, entsteht eine würzige Paste, die man vor Verwendung 15 – 20 Minuten ziehen lassen sollte.

STERNANIS

Auch: Chinaanis oder Badian

Ursprünglich kommen die getrockneten Früchte des bis zu 6 m hohen Sternanisbaumes aus China. In der Reifezeit springen die Früchte auf und geben mehrere braune „Sterne" frei. Diese werden geerntet und danach getrocknet.

Der Unterschied zwischen Sternanis und Anis: Sternanis stammt aus der Familie der Sternanisgewächse. Das Gewürz hat der Pflanzenfamilie den Namen gegeben. Anis dagegen gehört zu den Doldenblütlern. Doch obwohl die Gewürze von unterschiedlichen Pflanzen stammen, sind sie sich im Geschmack ähnlich.Sternanis wird als ganze Frucht oder gemahlen zum Kauf angeboten.

Zusammen mit Fenchel, Cassiazimt, Gewürznelke und Szechuanpfeffer wird der Echte Sternanis in der chinesischen Küche als Fünf-Gewürze-Pulver verwendet. Echter Sternanis schmeckt anhaltend süß und lakritzartig, aber auch ein wenig pfeffrig und säuerlich.

Asiatische Fleischgerichte wie die Pekingente werden mit Sternanis aromatisiert. Auch für eine würzige Brühe namens *Lu-shui*, die vielseitig in der chinesischen Küche verwendet wird, nimmt man Sternanis als eines der zahlreichen Gewürze. Die Hülle ist aromatischer als die Kerne, deshalb wird der Sternanis samt Hülle verwendet oder gemahlen. Sternanis harmoniert gut mit anderen Gewürzen wie Pfeffer, Nelken, Ingwer, Zimt und auch Sojasauce.

Tipp: Wenn Sternanis in fest verschlossenen Dosen und kühl aufbewahrt wird, hält er bis zu drei Jahre.

THYMIAN

Auch: Gartenthymian, Römischer oder Echter Thymian

Das Kraut, das bis zu 40 cm hoch wachsen kann, gehört zu den Lippenblütlern. Die ursprüngliche Heimat war der Mittelmeerraum. Thymian diente im antiken Griechenland als Zusatz zu Räuchermitteln, mit denen man Anregung für den Geist erzielen wollte. Römische Ärzte sowie Köche schätzten das Kraut. Im Mittelalter spielte es eine große Rolle in der französischen Küche. Thymian schmeckt kräftig, leicht herb und ein bisschen dem Majoran ähnlich.

Heute kommt Thymian auf unterschiedlichste Weise zum Einsatz, als getrocknete oder frische Küchenkräuter bzw. als Arzneipflanze in der Homöopathie.

Das Kraut mit den kleinen graugrünen Blättchen, kann man frisch, getrocknet oder gemahlen bekommen. Thymian passt gut zu den Gerichten des Mittelmeerraums mit Gemüsen wie Tomaten, Auberginen und Zucchinis.

Tipp: Gut schmeckt er auf Flammkuchen, die mit dünnen Apfelscheiben, Ziegenkäse und Thymianzweigen belegt werden.

VANILLE

Schon die Azteken würzten mit Vanille ihr Schokoladengetränk und zahlten Steuern in Form von Vanilleschoten, auch bei der Familie der Montezumas galten sie als Kostbarkeit.

Bei Vanille handelt es sich um die getrocknete Fruchtkapsel, der im südlichen Mexiko beheimateten Kletterorchidee. Heute wird sie vor allem in ehemaligen französischen Kolonien wie Madagaskar oder Reunion angebaut. Die Orchidee blüht nur einen Tag, danach bilden sich nach der Bestäubung – allein kleine Bienen sind dazu geeignet - die grünen Fruchtkapseln, auch Schoten genannt. Von der Sonne getrocknet kommen sie als schokoladenbraune Vanillestangen in den Verkauf. Für eine stärkere Aromatisierung der Gerichte schneidet man die Kapseln der Länge nach auf und kratzt die Samen und das daran haftende Öl – das Vanillemark – heraus. Die Schoten können noch weiter verwendet werden.

Vanille wird beim Würzen von Desserts wie Pudding, Obstkompott, Quark- und Joghurtspeisen, Schokolade und Kakao eingesetzt. **Tipp:** Vanillestange in ein mit Zucker gefülltes Glas geben ergibt Vanillezucker.

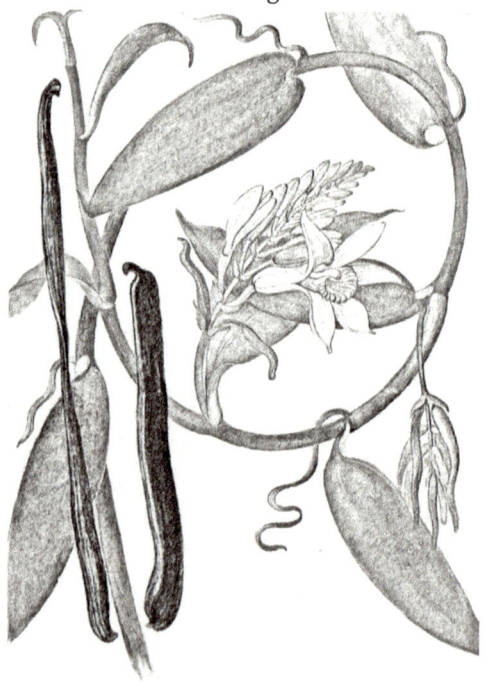

WACHOLDER

In ganz Europa und dem gemäßigten Asien findet man den Wacholderstrauch, der zu den Zypressengewächsen gehört. Angebaut wird der Strauch vor allem in Italien. Er ist aromatischer als der aus Norddeutschland. Wacholder ist ein uraltes Heil-, Würz und Zaubermittel. Aus den Blüten bilden sich grüne oder auch dunkelviolette Beeren. Die 6 – 8 mm großen Beeren werden getrocknet, dadurch bekommen sie eine bläulichschwarze Farbe. Wacholder schmeckt süßlichwürzig, leicht harzig-bitter und hat ein sehr kräftiges Aroma. Für die Küche gibt es ihn als ganze getrocknete Beeren zu

kaufen. Sie harmonisieren gut mit Fleisch- und Wildmarinaden, herzhaften Rind- und Schweinefleischgerichten, wie Sauerbraten. Fehlen sollte er auch nicht bei Sauerkraut und Pasteten. Gleichfalls ist Wacholder sehr wichtig fürs Räuchern von Fleisch und Fisch, dafür kann man die Zweige des Strauches der Glut beigeben. Die zerstoßenen Beeren gibt man zuvor an die Pökelmischung.
Tipp: Der Geschmack von Wacholder ist sehr kräftig, deshalb nicht mehr als 6 – 8 Beeren für ein Gericht verwenden.

ZIMT

Zimt ist ein Gewürz aus der inneren, getrockneten Rinde des Ceylon-Zimtbaums oder anderen Zimtbäumen. Sie alle zählen zu den Lorbeergewächsen. Die Rinde der jungen Zimtbäume wird abgelöst und von Kork und anderen Schichten gelöst. Dann werden 6-10 dieser sehr dünnen Rinden ineinandergeschoben und getrocknet.

Zimt rechnet man zu den ältesten Aromastoffen der Welt, schon vor 4500 Jahren war bei den Chinesen sein Duft bekannt. Die Ägypter benutzten Zimt um die Mumien damit einzubalsamieren.

Zimt kommt gemahlen oder in Stangen in den Handel. Als Bruch oder ganze Stange wird er an Kompott, Milch- und Obstsuppen, aber auch Wildragouts, Punsch, Glühwein und eingelegten Früchten verwendet. Gemahlen würzt man damit Milchreis, Grießbrei und Bratäpfel.

Der Kruste eines Schweinebratens verleiht er einen besonderen Geschmack.

Tipp: Je dünner die Rinde, desto feiner ist das Aroma. Zimtrollen lassen sich lange aufbewahren, da sie ihr Aroma nur langsam verlieren.

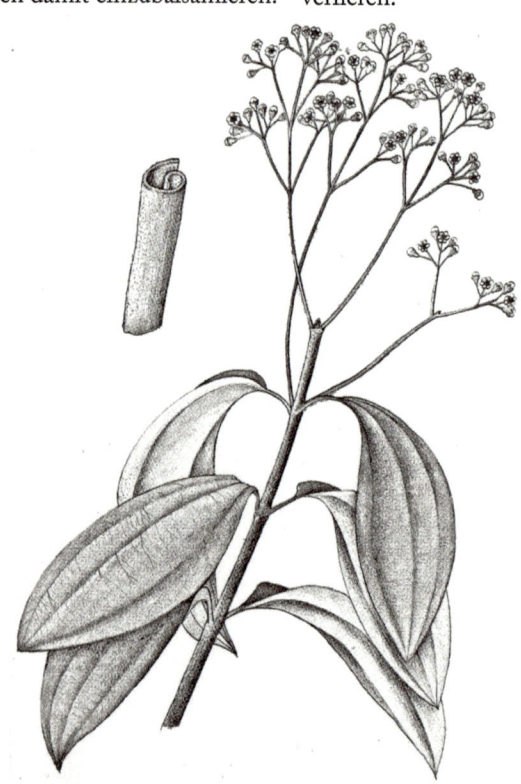

ZITRONENGRAS

Auch: Zitronellgras oder Malabargras

Die ca. 1 m hohe Staude mit Ihren scharfkantigen, schilfähnlichen Halmen wird der Familie der Gräser zugeordnet. Seine frühe Heimat war Südindien und Ceylon, heute wird es in Südamerika und dem gesamten südostasiatischen Raum kultiviert. Zitronengras hat einen hohen Anteil an ästherischem Zitronengrasöl, deshalb duftet das Gras beim Zerreiben sehr stark nach Zitronen. Es schmeckt wie eine Mischung aus Zitronen, Gras und Ingwer. Es verleiht damit zubereiteten Speisen ein besonders rundes Aroma. Hauptsächlich in Asienläden gibt es Zitronengras frisch, getrocknet und gemahlen. Vor allem in der thailändischen, indischen, indonesischen und vietnamesischen Küche werden die 10 -15 cm langen Enden verwendet. Die langen, frischen Blätter werden in vielen Ländern Asiens (zum Beispiel in Thailand) auch für die Zubereitung durstlöschender Teegetränke verwendet. Die Stiele werden weich geklopft, bevor sie mit kochendem Wasser überbrüht werden, damit sich die ätherischen Öle besonders gut lösen. Zitronengras verleiht Kräuterteemischungen eine exotische Note. *Lemongras* wird auch in nichtalkoholischen Getränken verwendet. Es wird in Backwaren und in Konfekt verarbeitet. Typisch ist es für viele vietnamesische und indonesische Gerichte. Mittlerweile ist Zitronengras auch in Mitteleuropa eine übliche Zutat für verschiedene Speisen und Getränke. Sie würzen Salate, klare Fisch- und Hühnersuppen sowie Hühnerragouts, Currys, Schmorgerichte und Meeresfrüchte.

Tipp: Wer kein frisches Zitronengras bekommt, kann als Ersatz abgeriebene Zitronenschale mit etwas Ingwer verwenden.

ZWIEBEL

Auch: Bolle, Zipolle, Zwiebellauch oder Speisezwiebel

Die Küchenzwiebel gibt es, von gelegentlichen Verwilderungen abgesehen, nur noch als reine Kulturpflanze der Menschen. Die ursprüngliche Herkunft ist nicht mehr genau zu bestimmen. Oft werden Afghanistan und Mittelasien benannt.

Die vielseitig zu verwendende, kompakte Schalenkugel des Lauchgewächses ist ein Universalgewürz. Meist wird sie fein gehackt oder in Ringe geschnitten, sie wird roh oder geröstet gegessen oder beim Garen anderer Speisen mitgedünstet. Durch Kochen, Dünsten oder Braten wird die Zwiebel süßer.

In älteren Rezepten vom Balkan wird Zwiebelsaft auch als Fleischzartmacher verwendet.

Dazu werden Fleischwürfel, die sonst eher zäh sind, wie etwa vom Hammel, über Nacht in eine Mischung aus Zwiebelsaft und Öl oder Milch eingelegt. Dieses Vorgehen eignet sich besonders auch für Grillfleisch.

Tipp: Angeschnittene Zwiebel sollten nicht oder nur unter einer Käseglocke im Kühlschrank aufbewahrt werden, da sich ihr Geruch auf alle anderen Lebensmittel und Verpackungen überträgt und der Geschmack der Zwiebel leidet auch.

GRUNDREGELN

für richtiges Würzen

1. Salz und Pfeffer gehören an beinahe jedes Gericht.

2. Selbst an süße Speisen wird ein kleine Prise Salz gegeben.

3. Frische Gewürze meist erst kurz vor Ende des Kochens hinzugeben

4. Getrocknete Gewürze können eine Zeit lang mitkochen.

5. Ganze, getrocknete Gewürze kurz vor der Verwendung im Mörser aufbrechen und zerreiben oder zerkleinern. So kann sich der volle Geschmack besser entfalten.

6. Verwenden Sie immer nur ein Hauptgewürz und geben Sie die anderen Gewürze dezent dosiert hinzu.

7. Gewürze sollten den Eigengeschmack der Zutaten nicht überdecken, sondern unterstützen.

8. Mit dem Nachwürzen immer etwas warten, das sich der Geschmack einiger Gewürze erst nach einigen Minuten entfaltet.

9. Gewürze wie Paprikapulver, Pfeffer und Knoblauch nicht scharf anbraten. Die Gewürze verbrennen sehr schnell und werden bitter.

	Suppen	Fleisch	Geflügel	Wild	Fisch	Soßen	Gemüse	Backwaren	Süßes
Anis								×	×
Basilikum		×				×	×		
Beifuß		×	×						
Bohnenkraut		×					×		
Borretsch						×	×		
Curry	×	×	×		×	×			
Dill		×			×	×	×		
Estragon	×	×				×			
Ingwer		×	×		×	×		×	×
Kapern		×	×		×	×			
Kerbel	×					×			
Knoblauch	×	×	×	×	×	×	×		
Kardamom		×		×				×	
Koriander				×		×	×	×	
Kümmel	×	×	×				×	×	
Liebstöckel	×	×				×	×		

	Suppen	Fleisch	Geflügel	Wild	Fisch	Soßen	Gemüse	Backwaren	Süßes
Lorbeer		×	×	×	×		×		
Majoran	×	×	×	×	×		×		
Muskatnuss	×					×			
Oregano	×	×	×		×	×	×		
Paprika	×	×	×	×	×	×	×		
Petersilie	×	×	×		×	×	×		
Pfeffer	×	×	×	×	×	×	×		
Piment		×		×				×	×
Rosmarin			×		×		×		
Safran	×				×	×	×	×	
Salbei		×			×				
Senfkörner		×		×					
Thymian		×	×			×			
Wacholder		×	×	×	×		×		
Vanille								×	×
Zimt								×	×

DER AUTOR

Rainer Wörtmann
war u. a. Chefredakteur der
Zeitschrift PLAYBOY,
Art Director der Zeitschrift
TRANSATLANTIK,
verantwortlicher Redakteur
des Titelbildes
DER SPIEGEL, sowie
Mitglied der Chefredaktion
SPIEGEL special.

Von ihm erschienen bei
BoD, Books on Demand,
Norderstedt,
bereits folgende Bücher:

Leicht lernen mit Eselsbrücken
ISBN 978-3-7448-7128-0

TIPPS
rund ums Kochen
ISBN 978-3-7322-9878-5

WEIN -
100 Fragen & 100 Antworten,
ISBN 978-3-7347-6480-6

Was Sie schon immer über
KÄSE
wissen wollten,
ISBN 978-3-7448-7128-0

FISCHE
100 Fragen & 100 Antworten,
ISBN 978-3-7460-1130-1

SPEISEFISCHE
mit Rezept Tipps,
ISBN 978-3-7481-8277-1

CHAMPAGNER & CO,
ISBN 978-3-7504-1357-3

Rainer Wörtmann
lebt als freier Medienberater
in Hamburg und Italien